LES PRINCIPES

DU

DROIT ÉLECTORAL

D'APRÈS

LE DROIT PONTIFICAL ET LES ANCIENNES COUTUMES

PAR M. DEFOURNY

CURÉ DE BEAUMONT-EN-ARGONNE

BAR-LE-DUC

TYPOGRAPHIE DES CÉLESTINS

ANCIENNE MAISON LOUIS GUÉRIN, ÉDITEUR

36, RUE DE LA BANQUE, 36

—

1874

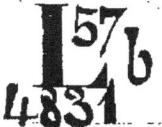

LES PRINCIPES

DU DROIT ÉLECTORAL

1

LES PRINCIPES

DU

DROIT ÉLECTORAL

D'APRÈS LE DROIT PONTIFICAL

ET LES ANCIENNES COUTUMES

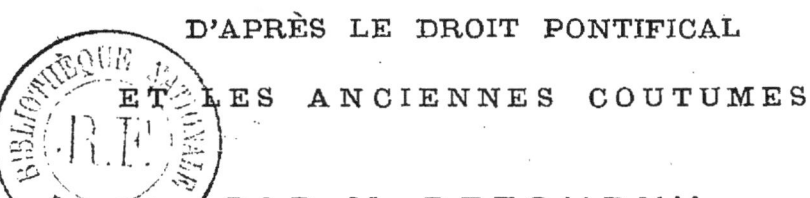

PAR M. DEFOURNY

CURÉ DE BEAUMONT-EN-ARGONNE

BAR-LE-DUC

TYPOGRAPHIE DES CÉLESTINS

ANCIENNE MAISON LOUIS GUÉRIN, ÉDITEUR

36, RUE DE LA BANQUE, 36

1874

PRÉFACE

L'auteur de cette étude en a communiqué des fragments à la *Revue des Institutions et du Droit*. C'est ce qui en explique certaines expressions, et notamment le début.

Au moment où l'Assemblée de Versailles va être saisie du nouveau projet de loi électorale, dont le caractère principal, malgré la bonne volonté de la commission chargée de le préparer, accusera nécessairement les préoccupations du moment et l'esprit d'expédient, il ne peut qu'être utile de rappeler les principes fondamentaux en matière de suffrage et d'élection. Il ne sera pas moins intéressant de se reporter aux sources, pour apprécier les anciens usages des époques qui ont vu fleurir dans notre pays la pratique du vrai suffrage universel.

LES PRINCIPES

DU DROIT ÉLECTORAL

D'APRÈS LE DROIT PONTIFICAL ET LES ANCIENNES COUTUMES

Sa Sainteté notre Seigneur et Père Pie IX a jugé bon de nous féliciter et de nous encourager « à affirmer et à « défendre les vrais et salutaires fondements de la jus- « tice et du droit, qui sont basés sur les principes ca- « tholiques et religieux, afin de contribuer au salut de « notre patrie et au rétablissement de l'ordre social ».

Ce sont les propres paroles du Bref que nous a adressé Sa Sainteté, le 19 avril dernier.

L'étude que j'entreprends sur la réforme du droit électoral, rentre parfaitement dans ce cadre. C'est dans les principes religieux, dans les prescriptions du droit pontifical, et dans les coutumes catholiques, que nous retrouverons les vrais et salutaires fondements du droit électoral, comme nous y avons retrouvé les vrais et salutaires fondements du droit des gens (1).

Les yeux fatigués par la danse macabre du suffrage moderne, dont les rondes vertigineuses jettent dans la stupéfaction, l'épouvante et le trouble, tant de cœurs

_____

(1) *De la Réforme du Droit des Gens, d'après le Droit Pontifical*, par M. Defourny, curé de Beaumont-en-Argonne. (Paris, Albert Larcher.)

encore honnêtes, se reposeront avec joie sur ces *principes* de justice naturelle, conservés et admirablement expliqués dans le corps du droit papal, et appliqués aux époques religieuses et catholiques. Ceux qui se sentiront, avec l'honnêteté de leurs intentions, de la foi et du courage, en provoqueront le retour et la pratique en les exposant à leurs concitoyens. Ceux-ci, à leur tour, les admettront, pour peu qu'il reste dans leurs cœurs quelque droiture, et quelque lumière dans l'œil de leur intelligence.

Ainsi doit procéder en toutes choses l'Œuvre apostolique au XIXe siècle.

I.

ÉTAT DE LA QUESTION.

L'Eglise ou le Pape n'a point édicté de lois ni de prescriptions canoniques particulières sur le droit électoral dans les sociétés civiles. La raison en est que la juridiction et le pouvoir civils n'émanent pas du souverain Pontife, mais bien du droit naturel et du droit civil de chaque nation. C'est Dieu qui a fait l'homme sociable, en instituant la famille dès le commencement, et, par voie de conséquence, les sociétés humaines ou les nations, qui sont des groupes de familles. En souvenir de cette institution divine, le mariage, ou la fondation d'une famille, a été jusqu'à présent, chez tous les peuples de la terre, un rite religieux. De même tout législateur, toute nation a consacré ses origines par des rites, et reconnaît toujours

Dieu pour auteur. Chaque législature, même dans la République des Etats-Unis d'Amérique, s'ouvre par une cérémonie religieuse.

Dans l'Eglise catholique, qui est la face la plus parfaite de la religion, selon l'heureuse expression du Père Pérone, le mariage est un sacrement, et il y a aussi des rites pour sacrer les rois et les empereurs. Mais si le mariage est devenu un sacrement, c'est pour assurer la constitution de la famille, c'est pour donner aux époux la grâce et non le droit, c'est pour sacrer efficacement le père, et non pour déplacer le principe de son autorité, qui est Dieu lui-même, sans intermédiaire. Aussi, d'après les saines doctrines romaines, et en dépit des opinions gallicanes, ce n'est ni le prêtre, ni l'Etat qui fait le mariage ; les époux eux-mêmes sont les ministres de ce sacrement. Et s'il y a des cérémoniaux pour les sacres des chefs des peuples, outre que ces rites ne sont pas obligatoires, les Pontifes n'ont jamais songé à en tirer cette conséquence, que le pouvoir et la juridiction civils émanaient d'eux.

Auprès et au-dessus de cette autorité paternelle et de cette juridiction civile, mais sans se confondre avec elles, ni absorber ni l'une ni l'autre, s'élève la juridiction ecclésiastique, le chef-d'œuvre du Rédempteur. Il l'a instituée pour assurer la connaissance de la vérité sur la terre contre les erreurs des individus et des nations, et la justice contre leurs passions, en même temps que pour leur transmettre, par la hiérarchie spirituelle, les secours divins de la parole éternelle et des sacrements, qui les maintiennent dans la foi et la vérité comme dans la pratique de la justice.

1*

Cette autorité sacrée réside tout entière dans le Vicaire de Jésus-Christ. Notre-Seigneur la communique à chaque successeur de Pierre, au jour de son élection canonique. Le Vicaire de Jésus-Christ, étant ainsi sur la terre la source unique de la juridiction ecclésiastique, la transmet, sans aucune diminution pour lui-même, diversement et en diverses mesures, aux divers membres de la hiérarchie sainte.

Voilà pourquoi l'on ne voit pas, dans le droit pontifical, le Pape ni l'Eglise imposer aux nations telle ou telle forme de gouvernement, ni telle ou telle manière d'élire aux fonctions civiles. Ceux de nos contemporains qui ont eu, comme nous, les oreilles rebattues des prétendus empiétements des Papes sur le pouvoir civil, seront tout étonnés d'apprendre qu'il ne se trouve rien de semblable dans aucun concile sanctionné par le Pape, dans aucune bulle, dans aucun canon, ni dans la plus petite paille du corps du droit papal.

Le Vicaire de Jésus-Christ n'intervient point dans les affaires des peuples et de leurs gouvernements en s'attribuant sur eux une autorité civile, mais uniquement en vertu de sa propre juridiction ; pour remplir son devoir de pasteur suprême et universel, de gardien de la foi et de la loi divine, et de juge du péché ; pour leur signaler les lois particulières et les usages contraires à la loi divine, pour condamner les nations ou leurs gouvernants, comme violateurs de cette loi.

On connaît le mot célèbre d'un Pape du moyen âge : « Je ne me reconnais pas juge en matière de fief, mais « je suis juge du péché ».

Innocent III, saisi d'une affaire civile sur la plainte de

plusieurs habitants de Verceil, les renvoie devant les juges de leur *commune :*

« Nous ne devons pas », dit-il, « donner ce scandale « de laisser mépriser la juridiction d'autrui ».

« Assurez-vous », écrit-il à son légat, « si les juges du « lieu sont véritablement suspects, comme les plai- « gnants le prétendent; que l'on nomme des arbitres « pour en décider. Et si leur décision est affirmative, *à* « *cause de la vacance de l'empire,* qui ôte la ressource d'un « juge d'appel civil, et *à cause de la coutume* que l'on « invoque comme ayant eu lieu en pareil cas, alors seu- « lement je consentirai à juger et à faire juger, pour « que les plaignants ne soient pas victimes d'un déni de « justice (1) ». Et cette décision est devenue un canon.

Les Papes furent consultés bien des fois, par les rois et les peuples, sur leurs lois et la forme de leurs gou- vernements. Les réponses de saint Nicolas aux Bulgares sont particulièrement célèbres. Généralement, après avoir signalé les usages à abolir comme contraires à la loi divine, il leur faisait une réponse uniforme, celle qui est écrite au frontispice du *corps du droit :* « La race « humaine a deux règles : Le droit naturel et les bonnes « coutumes ».

Serait-ce donc en vain que nous chercherions dans le droit pontifical un remède à ce poison du suffrage moderne qui menace de nous tuer? Et le Sauveur du monde aurait-il institué son Vicaire infaillible et ce pastorat suprême inutilement pour les nations, au point qu'elles ne pourraient, dans ces situations mortelles,

---

(1) Decret. Greg. I, Liv. II, lit. II, *de Foro competenti.*

rien trouver auprès de celui que Dieu a chargé d'éclairer le monde ?

Ce serait une sorte de blasphème de le penser. N'eussions-nous que la ressource d'aller consulter le Vicaire de Jésus-Christ, pour lui demander la direction et la voie, comme ont fait les Bulgares, comme ont fait nos pères au temps de Pépin et des descendants amollis de Clovis, cette ressource suffirait à prouver que Dieu n'a pas donné en vain un Père suprême aux nations chrétiennes, et surtout au peuple fils aîné de son Eglise.

Cette démarche de la nation et de ses représentants serait certainement le meilleur moyen, et peut-être le seul efficace, pour nous retirer du chaos de nos abus, de nos divisions, de nos haines intestines, de nos vices et de nos crimes sociaux. Mais ces abus, ces divisions, ces haines, ces vices et ces crimes sociaux, sont précisément ce qui empêcherait la nation d'aller consulter son Père, et de suivre ses conseils. Il ne reste aux hommes chrétiens et honnêtes, désireux du bien public, que de chercher ensemble, dans les enseignements pontificaux, les règles élémentaires du droit électoral, à s'unir pour les suivre, à conjurer les pouvoirs publics d'y revenir et de les remettre en honneur au moment où l'assemblée de Versailles, — si on lui en laisse le temps, — est appelée à faire, hélas ! une vingtième loi électorale, depuis quatre-vingts ans que nous avons fait table rase de nos anciennes coutumes, alors déjà bien compromises.

II.

PRINCIPES ET RÈGLES FONDAMENTALES
EN MATIÈRE D'ÉLECTION.

Si le Pape n'a jamais imposé à aucune nation sa forme de gouvernement, ni en particulier son droit électoral, il se trouve, en revanche, que l'Eglise, dans la sphère de sa juridiction propre, s'est créé un admirable code électoral ; qu'elle l'a appliqué à peu près universellement pendant plus de douze cents ans ; qu'elle continue de l'appliquer quand elle le peut, et notamment dans toutes les familles spirituelles, particulières, qui vivent dans son sein. De plus, ce code électoral de l'Eglise est sanctionné par son chef, le Vicaire de Jésus-Christ : c'est-à-dire qu'il est, comme le reste du droit pontifical, un composé des déductions et des applications de la loi naturelle et divine.

Nous n'aurons qu'à en étudier les dispositions principales pour trouver les « vrais et salutaires principes », en matière de vote et d'élection civile.

« Tout électeur est obligé, sous peine de péché mor-
« tel, et de damnation par conséquent, de donner son
« suffrage en connaissance de cause, et de faire des
« recherches sur la capacité de la personne à élire. En
« négligeant cette recherche et ces investigations, les
« votants pèchent, en effet, en matière grave, puisqu'ils
« sont tenus, en vertu de leur office, de prendre les
« précautions nécessaires pour éviter l'élection des

2

« indignes, ou des moins capables, au préjudice de la
« communauté et de ses membres, qui seraient gou-
« vernés par de tels hommes (1) ».

Voilà une première règle qui porte avec elle l'évidence
de la raison et de la justice ; et j'ai la confiance que
personne ne la contestera, en matière d'élections civiles.
Il faudrait, pour cela, dire que la raison et la justice
sont bonnes pour les élections ecclésiastiques, et que,
quand il s'agit de la société civile, la déraison et l'injus-
tice suffisent.

Eh bien ! en France, comment observons-nous cette
règle, lorsqu'il s'agit d'élire ceux que l'on nomme les
députés ou les représentants de la nation ?

On nous a fait des lois électorales telles, qu'il est
matériellement impossible à la masse des votants de
voter en connaissance de cause. Que dis-je ? Avec le
scrutin de liste, les votants ne connaissent pas même les
noms de ceux auxquels ils donnent leurs voix. Il faut
qu'on les leur apprenne par cœur, ou plutôt il faut
qu'on mette ces noms sous leurs yeux, pour qu'ils
puissent les copier, ou qu'ils acceptent un bulletin
manuscrit ou imprimé. En sortant de la salle des votes,
demandez-leur les noms, — je dis les *noms,* — qu'ils
ont mis dans l'urne, ils ne pourront pas vous les réciter
tous !

O fourberie infâme ! O soliveaux immondes du progrès et de la civilisation moderne ! O impudence des

---

(1) Decret. Greg. *De Electione*, 7, Cum in cunctis. — *De officio
Archidiaconi*, 3. Ea quæ. Decret. I p., Dist. XIX, C. Nulli. — Dist. VIII,
C. Dictum. — Je prends le résumé de ces canons dans *Ferraris*, cano-
niste des plus autorisés.

fourbes, qui appellent le peuple, c'est-à-dire les votants, *souverain*, et qui les contraignent, le seul jour où ils exercent cette prétendue souveraineté, à l'exercer sans savoir ce qu'ils font, au moyen de lois faites au mépris des prescriptions les plus élémentaires de la droite raison. Car le jour du vote est vraiment le seul jour où ils exercent un droit social quelconque. L'élection finie, — non, ne profanons pas ce mot, l'étymologie seule hurlerait, — le morceau de papier tombé dans l'urne, c'en est fait. Non-seulement l'ironique et mensongère souveraineté, mais tout droit, tout contrôle légal sur tout homme public et tout acte public, meurt, jusqu'au jour d'une nouvelle élection, c'est-à-dire jusqu'à une nouvelle répétition de cette action purement mécanique.

Lors des élections de 1871, — les meilleures, a-t-on dit, que nous ayons eues depuis longtemps, — on fit circuler, dans ma commune comme dans toutes les autres du département, deux listes, chacune contenant six noms. Des douze personnes qui portaient ces noms, j'en connaissais une assez bien, et une autre sur des ouï-dire un peu sérieux. Et j'étais à peu près le seul des quatre à cinq cents électeurs de ma paroisse qui eusse ce privilége de connaître deux hommes sur douze, ou un sur six à choisir. Un de mes paroissiens m'en faisait la remarque avec cette simplicité de raison rudimentaire qui n'a pas encore abandonné tout à fait les campagnes. « Comment pouvons-nous voter ? me disait-« il avec tristesse. Nous ne connaissons pas un seul « des hommes qu'on nous présente ».

C'est ce jour, et à cette heure, que me fut révélée toute l'hypocrisie du scrutin de liste, quand il s'agit d'envoyer des députés aux chambres ; et je vois comme une chose aussi claire que le soleil, qu'il n'y a que des hommes malhonnêtes ou imbéciles qui puissent tenir pour le scrutin de liste, en ce qui regarde l'élection des députés ou représentants de la nation.

On a dit que les *élections* de 1871 ont été les meilleures que nous ayons eues depuis 1848. C'est une erreur matérielle : et ceux qui répètent ce propos ont complètement perdu le sens même du mot *élection*.

ÉLIRE veut dire CHOISIR.

On verra, dans la suite des textes du droit pontifical, que les admirables règles du droit électoral reposent toutes sur la fidélité à garder à la chose ce que le nom signifie.

La vérité est qu'il n'y a pas eu d'*élections* en 1871. Les prétendus électeurs n'ont *élu* ou *choisi* personne. Ils ont mis dans l'urne de petits morceaux de papier, sur lesquels étaient écrits ou imprimés un certain nombre de noms inconnus pour eux, sur la foi de deux ou trois personnes de leur commune ou des environs. Voilà tout.

Si les députés de Bordeaux étaient en grande partie d'honnêtes gens, c'est la preuve qu'il y a encore en France beaucoup d'honnêtes gens, et que les deux ou trois seuls électeurs de chaque commune ou du chef-lieu de canton, instruits par nos malheurs, ont eu l'esprit de donner, en 1871, des listes d'honnêtes gens à la masse des automates nommés *électeurs*.

Le bon sens, dont le droit pontifical est l'interprète, est tellement absent chez certains hommes d'aujourd'hui, qu'ils réduisent la science de l'électeur, c'est-à-dire la connaissance que l'électeur doit avoir de l'élu, à la faculté de savoir écrire des caractères dont l'assemblage forme un nom, sur un morceau de papier destiné à être introduit dans une boîte. Ils tiennent ceux qui ont cette faculté pour des hommes *lettrés,* puisqu'ils appellent ceux qui ne l'ont pas, *illettrés.* — Quelle relation y a-t-il donc entre cette opération mécanique, et l'obligation, imposée par le droit naturel, de choisir un représentant en connaissance de cause ? — Ou bien prétendent-ils que l'homme *illettré* ne pourra trouver un homme assez probe parmi ses concitoyens pour écrire, sans le tromper, le nom de la personne qu'il veut nommer ?

Si c'est cela, et si la nation française en était là, il faudrait en conclure que la masse des votants est composée d'hommes sans foi ni loi, c'est-à-dire inhabiles à voter, d'après le droit pontifical, que je ne cite pas ici parce que le bon sens parle trop clairement comme lui. Il ne resterait plus qu'à attendre directement de Dieu un Messie, ou... les Russes et les Prussiens.

Des députés nommés au scrutin de liste sont donc députés par l'ignorance des votants qui ne les connaissent pas, et le produit d'une opération mécanique, qui n'a rien de commun avec ce que l'on a appelé de tout temps *élection.* De tels représentants représentent tout au plus deux ou trois citoyens par cent ou par mille. S'ils représentent autre chose, en qualité d'*élus,* je ne le vois pas. Le « suffrage universel », ainsi pratiqué, est donc le plus corsé et le plus impudent mensonge qui ait jamais existé, à l'état d'institution, chez un peuple.

Ce serait errer, je me hâte de le dire, que de tirer de là un argument contre la légitimité de l'assemblée de Versailles : ce n'est pas elle qui a fait la loi qui l'a envoyée ; elle existe en vertu de cette loi (qu'elle va changer); cette loi lui donne au moins un titre coloré. Et surtout il n'y a plus qu'elle en France, pour soutenir l'édifice social qui chancelle. Quelle belle tâche, et quelle grave responsabilité pour chacun de ses membres !

III.

Si l'on trouve que la démonstration n'est pas complète, ou s'il reste quelque nuage dans l'esprit du lecteur, la poursuite de notre étude des lois pontificales fera la pleine lumière.

D'autres canons confirment l'obligation grave, pour tout électeur, de voter en connaissance de cause :

« L'électeur qui a voté pour un indigne doit être
« puni (par la privation de son droit, à l'élection sui-
« vante.) Et s'il prétend qu'il a ainsi voté par ignorance,
« il doit prouver que cette ignorance n'était pas cou-
« pable. Car une pareille ignorance ne se présume pas,
« attendu que tout électeur est tenu, en vertu de son
« office, de s'assurer des qualités de la personne à élire.
« Et s'il ne s'en est pas assuré, il ne peut invoquer
« l'excuse d'ignorance, parce qu'alors son ignorance
« est une ignorance crasse, honteuse, volontaire, affec-
« tée, vincible. Elle n'est pas la cause, mais l'effet de la

« négligence qui a déterminé son mauvais vote (1) ».

Cela revient toujours à dire que l'électeur ou le *choisisseur* (électeur ne voulant pas dire autre chose) doit *choisir*, et qu'il est impossible de choisir ou d'élire ceux que l'on ne connaît pas, non plus qu'un aveugle ne peut distinguer entre les couleurs.

Ne serait-il pas bien à plaindre, le pauvre aveugle-né que des gazetiers ou des orateurs de clubs contraindraient à se prononcer entre le jaune et le vert, après avoir disserté devant lui sur la préférence à donner à l'un des deux ? Cet aveugle-né, c'est le français devenu machine à voter, que l'on décore du nom d'électeur. Par une contradiction digne de ce siècle où tout est confondu, son ignorance est à la fois crasse et involontaire, honteuse et invincible : c'est la loi électorale elle-même, qui, en lui imposant le scrutin de liste, produit et justifie son incapacité d'élire.

Non-seulement l'électeur est tenu de choisir des personnes dignes, mais il est « obligé, sous peine de « péché mortel, et de damnation par conséquent, de « choisir ceux qu'il juge *lui-même* les plus dignes (2) ».

Optimus eligatur ! Les suffrages au meilleur entre tous (3).

Pour remplir cette obligation, est-ce assez d'une

---

(1) FERRARIS, V° *Electio*, citant les canons Innotuit, 20, *de Elect.*, avec la glose au mot *Ignorantiam* et arguant des c. *Ad hoc. de Postul. Prælatorum*, 1 ; *cum in tua*, 6 ; et de la loi romaine Nec supinam, 6 ff. de Juris et facti ignorantiâ.

(2) Concile de Trente, Sess. 24, 1. De Reform.

(3) Decr., I part., Dist. LXIII 19. *Optimus ordinetur.*

connaissance vague, telle que celle qui peut résulter, pour un très-petit nombre (non pour la masse votante, c'est constaté), de cette rumeur confuse des journaux stipendiés et au service des partis et des factions ? ou des phrases déclamatoires d'une prétendue *profession de foi?*

Et cependant, quel est ce meilleur entre tous, et quelles qualités doit-il avoir ?

« Il doit être distingué au milieu du peuple, c'est-à-« dire supérieur en science, éminent et supérieur en « toutes vertus (1) ».

Encore une fois, comment les choisir sans les connaître d'une connaissance sérieuse et positive ; comment les distinguer entre tous, quand on sait à peine leurs noms ?

J'éprouve le besoin de conclure ces premières considérations sur les prescriptions du droit pontifical ; non pas qu'il soit nécessaire de formuler une conclusion, — je ferais injure à ceux qui me lisent, si je doutais qu'ils ne puissent la formuler eux-mêmes ; — mais pour constater que le scrutin de liste, tel que la loi électorale française l'impose au peuple dit souverain, répugne essentiellement à la nature même de l'élection, qui est un *choix*, et doit être le *choix du plus digne*.

En conséquence, il n'y a pas d'*élections* en France avec le scrutin de liste : et si la France a des représentants et d'honnêtes gens à Versailles, elle n'a pas de

(1) Decret. II part. *Licet*, 15. Caus. VIII, Q. 1.

représentants *élus* ou *choisis* par le peuple dit souverain, mais tout au plus par un très-petit nombre d'électeurs.

IV.

DE LA LIBERTÉ DE L'ÉLECTION OU DU CHOIX.

LES CANDIDATURES.

Elire n'étant rien autre chose que choisir, avec la connaissance des personnes à élire, il faut la *liberté du choix*.

L'élection, pour être canonique, doit être entièrement libre, dit un célèbre canoniste (1); et cette condition de pleine et entière liberté est si nécessaire, que toute élection où elle manque est nulle de plein droit. Puis il cite un canon de Grégoire X, qui parle avec la rigueur et la clarté de l'esprit des langues, disant :

« L'élection cesse d'exister dès qu'on ôte la liberté « d'élire ». Comme on a perdu le sens du mot *élire*, depuis que l'on confond l'élection avec l'opération mécanique qui consiste à mettre un morceau de papier dans une boîte, on ne saisit pas tout d'abord la force et l'évidence de cet axiôme. Il faut donc, pour comprendre cette admirable phrase latine : *Cessat electio dum adimitur libertas eligendi* (2), la traduire ainsi : « Il n'y a plus de choix, dès qu'on ôte la liberté du « choix ».

(1) FERRARIS, V° *Electio*, artic. IV, n° 51. Electio, ut sit canonica, debet esse omninò libera, ita ut aliter facta sit ipso jure nulla.

(2) C. *Ubi periculum*, 3. De Electione, in sexto, § Cœterum.

Cette notion est encore fondamentale et tout ensemble élémentaire, c'est-à-dire indiscutable.

La première règle qui en découle est celle-ci : « Toute « élection est nulle, lorsqu'on restreint le choix des « votants à un nombre déterminé de personnes parmi « lesquelles ils sont contraints de choisir, à l'exclusion « d'autres.

« C'est une coutume perverse, qui comprime et dé-« truit la liberté », dit le pape saint Célestin V, « et nous « statuons qu'il faut l'abolir et la déraciner (1) ».

En effet, disent les canonistes, une pareille élection est nulle de plein droit. La raison en est que la loi divine, qui défend de donner les charges aux indignes, et même aux moins dignes, et impose aux électeurs le devoir de·choisir les plus dignes, prévaut sur toute coutume ou loi humaine contraire, limitant la liberté du choix. Et le plus haut tribunal pontifical, la Rote, a déclaré nulles plus d'une fois des élections où les votants avaient été contraints de choisir entre cinq personnes seulement un dignitaire, dans un cas où les éligibles de droit étaient au nombre de douze (2).

Cette coutume perverse, cette loi humaine à abolir et à déraciner, nous l'avons encore en France en matière électorale ! En effet, nous ne pouvons voter que pour les personnes qui se présentent elles-mêmes, pour ceux qu'on appelle *candidats*. Autrement notre droit d'électeur est illusoire, et nos voix sont ce qu'on appelle *perdues*. Ainsi, par l'effet de cette loi et de cette pratique condamnables, notre choix est limité en fait à

(1) *De Elect. et Elect. pot.* — Greg. c. XIV.
(2) FERRARIS, V° *Alternativa*, art. II, n° 13.

deux ou trois personnes sur deux ou trois cent mille ; puisque, en droit, « tout électeur est éligible », et que, en fait, il n'y a d'éligibles que les *candidats*, qui seront toujours, avec ce système, un nombre imperceptible. Arrivât-on à voter par arrondissement, sans scrutin de liste, la proportion, pour être moindre, serait toujours énorme.

Quelle inepte plaisanterie ! quelle folie chez le peuple que l'on nomme le plus spirituel de la terre, que cette *pose de candidature !*

Aux termes du droit pontifical, « les électeurs sont « tenus de jurer devant Dieu, à l'ouverture du scrutin, « qu'ils nommeront *le plus digne* (1) ».

Plusieurs soutiennent que l'omission de ce serment rendrait l'élection nulle. C'est, en tout cas, une admirable précaution du législateur. Serment ou non, l'obligation n'est pas moindre dans la société civile, aujourd'hui surtout que, suivant la parole à la mode, la pauvre patrie est en danger.

Admettons que, dans la nouvelle loi électorale, ce serment soit exigé des électeurs : (au fond, on pourrait édicter des formalités moins salutaires). Qu'en résulterait-il ? La loi va leur imposer d'emblée un faux serment. Puisque tous les électeurs sont éligibles, ils feront serment de choisir le plus digne parmi tous les éligibles (dont ils ne connaîtront pas un sur mille) ; puis ils ne choisiront que parmi deux ou trois : les candidats, (qu'ils ne connaîtront pas d'une connaissance sérieuse et positive).

(1) CLÉMENT VII, Decret. INNOCENT XII, Constit. *Militantis Ecclesiæ.*

3*

Ce qu'il y aurait de plus curieux, ce serait de voir les électeurs-candidats venir jurer, devant Dieu et devant les hommes, qu'ils sont *les plus dignes!* puis se faire une obligation, sous peine de péché mortel (la patrie étant en danger, l'obligation est grave), de voter pour eux-mêmes ! et à ce titre !

Et lors même que, par un reste de sentiment pudique, la loi exempterait les électeurs-candidats de ce serment, il n'en resterait pas moins que, par le seul fait de la position de leurs candidatures, ils disent publiquement : Votez pour moi ! je m'estime le plus digne, plus digne surtout que mon unique concurrent. — Ou, s'ils sont cinq contre cinq, ou dix contre dix, un des chœurs chante, sur un ton de mélodie touchante : Votez pour nous ! nous sommes solidairement les dix plus dignes ; et nous en sommes si certains que nous croirions commettre un crime en ne votant pas pour nous-mêmes. Et le chœur opposé répond au premier en chantant..... la même chose.

O peuple le plus spirituel de la terre !

Ainsi la loi humaine veut que l'on brigue les suffrages des votants ; et elle organise le vote de façon que quiconque ne donnera pas sa voix à quelqu'un de ceux qui la briguent, la perde.

Ecoutons l'enseignement du code pontifical sur la liberté électorale, c'est-à-dire la liberté du choix.

« La subornation ôte la liberté du choix et rend l'élec-« tion nulle (1). *Il y a subornation* quand on emploie les « sollicitations et les prières pour obtenir les voix (2) ;

(1) FERRARIS, Vᵒ *Electio*, art. IV, nᵒ 54.
(2) Canon *Per inquisitionem* XXVI, *De Elect.* Greg.

« *c'est une indignité de solliciter les suffrages*, et les votants
« qui les donnent à ceux qui les sollicitent, nomment des
« *indignes* (1). Quiconque est parvenu à une fonction
« élective en la briguant, lors même ensuite qu'il ne
« scandaliserait pas le peuple par sa conduite et ses
« actions, ne laisse pas d'être un homme scandaleux,
« à cause de l'exemple pernicieux de son mauvais dé-
« but. Il est d'ailleurs difficile de bien finir quand on a
« mal commencé (2) ».

Etonnons-nous maintenant des incertitudes de principes et de conduite, et des lâches compromis si fré-
quents dans nos Assemblées.

« Qu'on ne permette à qui que ce soit l'accès à l'épis-
« copat par la brigue. Si *cet excès est incriminé dans la*
« *vie laïque*, à plus forte raison jette-t-il l'opprobre sur
« les hommes religieux et liés par état au service de
« Dieu (3) ».

J'ai cité à dessein ce canon, parce qu'il constate comment on envisageait *dans le monde laïque*, à cette époque, un procédé honteux que nous trouvons tout
naturel. Le canon est du pape Symmaque, et de la fin
du v⁰ siècle. Aujourd'hui, la *brigue* est de droit, elle est
légale, obligatoire de par la loi ; elle est la condition
indispensable de ce qu'on appelle bien à faux une élection. — Qu'est-ce que le progrès ?

« Quiconque aura suborné les électeurs, en cherchant
« à procurer des voix ou suffrages, soit pour son propre
« compte, soit pour le compte d'autrui, soit pendant

(1) Ibid. ex eodem canone arg.
(2) Decr. II part. Causa i, Q. 1. 25.
(3) Ibid. cxviii.

« les élections, soit pendant les *six mois qui précèdent*,
« qu'il soit excommunié *ipso facto* (1) ».

Cette prescription, non plus que la suivante, n'implique que les électeurs doivent voter sans avoir discuté et conféré ensemble. Loin de là, cette consultation et cette discussion sont même requises sous peine de nullité (2).

En effet, dit la glose, comment pourraient-ils élire (lisez toujours *choisir* et réunir leur choix), s'ils n'avaient pas auparavant traité du choix à faire? Cette discussion sur les *qualités*, les *aptitudes* et les *mérites* (3) de la personne à élire, doit avoir lieu, d'après la constitution que nous venons de citer, *immédiatement avant le vote*, pour empêcher les brigues.

Il semble que nous prenions à tâche de tout faire, en France, en dépit du bon sens et des règles les plus naturelles. La loi française actuelle autorise les réunions d'électeurs dès les quinze jours qui précèdent le vote, en ayant soin de les interdire les cinq derniers jours !

V.

Remarquons que cette discussion ne doit pas rouler sur les *opinions*, mais bien sur les *qualités*, les *aptitudes* et les *mérites* des personnes à élire. Saint Paul les a énumérés, et le corps du droit pontifical, admirablement

---

(1) Saint Pie V, Constit. *Pastoralis officii*.
(2) « Nisi tractatum et discussum ». Canon *In Genesi;* § 6, de *Electione*. Dec. Greg.
(3) FERRARIS, V° *Electio*, art. IV, n° 5.

expliqués. Il faut, entre autres qualités, la prudence,
« qui comprend la science du gouvernement des choses
« humaines », même pour les évêques, à plus forte raison pour les représentants et les magistrats civils ; « la
« bonté pour les petits et les faibles ; une probité sévère,
« une justice éclairée, tempérée par la miséricorde ; un
« ensemble de vertus et de dignité qui reluise sans
« ostentation sur la personne tout entière ; il faut s'être
« fait remarquer par la bonne éducation de ses fils, qui
« doivent être soumis, et chastes, jusque dans leurs ma-
« nières ; par la prudente administration de sa maison ;
« car celui qui ne sait administrer sa propre maison,
« comment pourra-t-il diriger la communauté (1) ? »

Parmi les vices opposés, qui ne doivent point se mon-
trer dans un élu, se trouve précisément l'esprit de
contention et de lutte, d'*opinions*, comme on parle aujourd'hui. Il caractérise, dit Gratien, ces.... bohêmes ?
(*rusticorum*) qui prennent leur bavardage pour de la
science et de l'autorité, et, toujours prêts aux querelles,
traitent leur pays comme s'ils en étaient les maîtres :
arrogance et orgueil manifeste, ajoute le vieux moine (2).
Hélas ! Hélas !!

En revanche, quelle dignité, quel respect de soi-
même et des autres doit caractériser cette discussion
prescrite par le droit, qui, faite en présence de tous, ne
doit pas donner lieu à l'accusation de brigue !

Discuter les *qualités*, les *aptitudes* et les *mérites* d'une

_____

(1) Decret. I part. Distinct. XXX-L.

(2) Distinct. XLVI. Nihil impudentius arrogantia rusticorum qui gar-
rulitatem auctoritatem putant, et parati semper ad lites, in subjectos
tumidi intonant : quod ex arrogantia et superbia fieri manifestum est.

personne à élire, et en même temps ne donner prise
dans ses paroles ni à la faveur, ni à la haine, ni à la
flatterie, ni à l'insinuation calomnieuse ou méchante,
cela nous paraît inconciliable. C'est que nous avons
perdu la politesse et le respect. Discuter, en les compa-
rant, les qualités, les aptitudes et les mérites de deux
ou trois personnes, sans solliciter importunément, sans
mendier les votes pour l'une ou l'autre, cela nous paraît
tout à fait impossible. C'est que nous avons perdu, avec le
respect d'autrui et de nous-mêmes, la dignité de la parole ; nous avons oublié, ou nous n'avons jamais su ce
mot de saint Jacques, que l'Eglise nous fait lire aux matines de ce jour : « la langue, ce petit membre, est comme
« le gouvernail de toute la personne » ; et nous nous
ingénions à réaliser celui-ci : « la langue est comme
« une fièvre sans repos, et elle est pleine d'un venin
« mortifère ».

Revenons. « Pour couper court à toute brigue, et en
« ôter radicalement l'occasion, que tous se gardent de
« chercher à *procurer des voix ou suffrages, soit à eux-*
« *mêmes, soit à d'autres, soit directement, soit indirec-*
« *tement,* en quelque lieu ou réunion que ce soit. Qui-
« conque agira contrairement à cette prescription,
« sache qu'il encourra, outre les censures portées anté-
« rieurement, la perte de son office et l'incapacité d'en
« obtenir jamais. Personne, si ce n'est Nous ou Nos
« successeurs, ne pourra leur remettre cette peine, ni
« en tout, ni en partie, et Nous Nous réservons de leur
« en infliger de plus graves, suivant la gravité du cas(1)».

« Pour que ces semences infectes, qui ne peuvent

(1) Clément VIII, Const. *Nullus omnino.*

« produire que des fruits de corruption, ne soient plus
« semées à l'avenir dans le champ du Seigneur, les
« constitutions et les décrets généraux antérieurs sont
« renouvelés, etc. (1) ».

C'en est trop, peut-être, et en voilà plus qu'il ne faut
pour nous rendre l'idée de la liberté électorale. Mais il
est nécessaire que les notions élémentaires du droit, en
matière d'élection, nous rentrent dans l'intelligence à
coups de fouet, en nous cinglant le visage afin que nous
sachions rougir.

C'en est plus qu'il ne faut, et ce n'est point assez
encore. Plusieurs trouvent peut-être et se disent tout
bas que cette règle du droit pontifical, qui défend abso-
lument toute recherche, toute demande de suffrages, et
enfin toute pose de candidature, est bonne, mais un
peu sévère, et que si l'on ne peut faire un reproche à
l'Eglise de l'avoir formulée et d'y tenir, ce serait néan-
moins exagérer que de prétendre en faire une obligation
pour les élections civiles.

La réponse à cette objection possible se trouve
dans l'énumération des diverses autres espèces de subornation qui enlèvent aux électeurs la parfaite
liberté, nécessaire pour faire un choix dans la vérité du
terme. On verra dans cette énumération, tableau trop
réel de nos votes de chaque jour, que la position de la
candidature, la quête ou la mendicité des suffrages, est
la source de toutes les nullités d'élections, qui, sans
elle, ne pourraient exister. Ce n'est donc pas sans
raison que le droit pontifical et les canonistes la
placent en tête de ce honteux dénombrement, en insis-

(1) Sacra Congr. Concilii, jussu et auct. Urbani VIII.

tant plus sur elle que sur toutes les autres ensemble.

« La subornation a encore lieu, et par contre-coup la
« nullité de l'élection, lorsque.... l'on emploie les me-
« naces, les blâmes, les calomnies, les insinuations,
« les révélations de fautes secrètes, les dons ou les pro-
« messes, et d'autres moyens, artifices et procédés
« malhonnêtes, pour émouvoir et déterminer mora-
« lement quelqu'un à donner son suffrage soit à celui
« qui use de ces moyens illicites, soit à ses amis, au
« profit de qui il les met en œuvre (1) ».

Il est évident, encore une fois, que la position de la
candidature donne lieu à tous ces excès.

Tout est divisions et factions dans notre pauvre
pays, et l'on pourrait écrire des volumes commentant
ces six lignes du droit papal. Ce serait chose superflue :
toutes nos turpitudes et nos corruptions électorales
sont notoires, et même, hélas ! passées à l'état de
mœurs. En haut comme en bas, qu'il s'agisse des
chambres ou des conseils locaux, ce n'est qu'intrigues,
partis et compétitions passionnées. Or, la passion, aveu-
glant et troublant la raison, est incompatible avec le
choix, qui suppose la lumière intellectuelle et la liberté
morale, c'est-à-dire est incompatible avec l'élection.

Elire, c'est choisir !

Il est donc péremptoirement établi, et irréfutable-
ment démontré qu'il n'y a, en France, aucune espèce
d'*élections*. La candidature, doublée du scrutin de liste
et du vote mécanique, annule doublement les élections
aux chambres ou assemblées nationales. La candidature
seule, avec ses conséquences immondes, annule les

(1) FERRARIS, V° *Electio*, n° 55.

élections locales. Conclusion logique, conclusion forcée : Supprimez le scrutin de liste et le vote mécanique, et abolissez la candidature.

Quand il aura plu à la Providence de Dieu de redonner un homme à la France, cet homme aura à nous rapprendre l' *a b c* du bon sens. Il dira qu'il n'est d'aucun parti, qu'il n'épouse ni classes, ni factions, ni opinions. Il dira qu'il n'entend pas que des *opinions* soient des titres au suffrage des électeurs, mais bien les *qualités*, les *aptitudes* et les *mérites*.

Cela dit, et fait, les écailles tomberont de nos yeux, nous verrons ; et il ne nous restera plus qu'à pleurer et à rire sur la folie d'à-présent. Nous trouverons inconcevable ce que nous disons et faisons aujourd'hui. Nous disons maintenant que ce sont les *opinions* qui nous divisent et les divisions qui nous tuent ; et en même temps nous nous réduisons, par nos usages électoraux, à ne pouvoir baser nos suffrages que sur les *opinions* de candidats que nous ne connaissons pas, autrement que par cette vaine et funeste enseigne des *opinions*.

Alors nous relirons, avec la satisfaction d'un homme arraché au cauchemar, ces sentences du droit pontifical, claires et vraies comme la raison naturelle, et qui étaient familières à nos pères : « Les dignités sont des « charges. Les charges et les dignités sont pour le public « et non pour ceux qui en sont revêtus ». Alors, on verra encore des hommes remplis de qualités, d'aptitudes et de mérites, trembler, comme saint Nicolas de Myre et tant d'autres, devant les suffrages qui les accableront en les élevant aux dignités, ou dire comme ce vieux Français du midi et tant d'autres avec lui : « Je fus eslu et

« faict premier consul. Je n'avais pas plus d'empresse-
« ment pour cette charge que pour celle de viguier, que
« j'avais refusée très-souvent, bien que je l'aye été deux
« fois (1) ». Alors, enfin, il faudra renouveler l'antique
statut prescrivant aux bourgeois d'Arles de prêter serment en ces termes : « Si je suis élu, je jure de ne pas
« refuser la charge (2) ».

Et le suffrage universel, comment fonctionnera-t-il ?
Il fonctionnera, non plus comme une institution mensongère, ironique, hypocrite et épouvantable ; mais
comme une institution vraie, sérieuse, sincère, rassu-
rante et rédemptrice.

VI.

LE DROIT ÉLECTORAL, D'APRÈS LES ANCIENNES COUTUMES.

Je demande pardon au lecteur de parler un instant
de moi-même avant d'aborder cet important sujet. La
vérité y gagnera en clarté. Pour rien au monde je ne
voudrais me donner comme un des dix mille médecins
qui proposent chacun leur recette à cette grande
malade que l'on nomme la société moderne. Je ne pré-
tends rien tirer de moi-même, ni de mon imagination ;
et j'en ai la confiance, on s'en est assuré en lisant la
première partie de cette étude. Des circonstances, mé-
nagées par la Providence, ont voulu que je fusse amené
à étudier, depuis plusieurs années, le droit pontifical, si

(1) *Les Familles et la Société en France, avant la Révolution*, par
Ch. de Ribbe, pages 90 et suiv.

(2) *Si consul electus fuero, non me vetabo.* Id. Ibid., p. 94.

longtemps et si universellement oublié dans notre pays, pour son malheur. Voilà pourquoi j'ai pu traiter la question du droit électoral d'après le droit canonique, comme j'ai traité dernièrement la question du droit des gens en matière de guerre.

Par une heureuse rencontre, les circonstances ont encore voulu que je sois à même de traiter cette question du droit électoral, d'après les anciennes coutumes. Ma paroisse, devenue si tristement célèbre par la bataille du 30 août 1870, a joui autrefois d'une autre espèce de renommée. Elle reçut, à la fin du XIIᵉ siècle, en 1182, une charte jadis fameuse, encore connue des antiquaires et même des historiens, sous le nom de *Loy de Beaumont*. M. Guizot, entre autres, a écrit que cette charte ou coutume fut « la plus parfaite du moyen « âge ». Il en restait un exemplaire du XVᵉ siècle aux archives de la commune. Je le lus, et trouvai la Loy de Beaumont, en effet, si intéressante, que, après avoir employé pendant sept ans une partie de mes loisirs à l'étudier, et avoir dépouillé plus de mille pièces qui s'y rapportaient, j'en publiai, avec le concours de l'Académie de Reims, le texte et l'exposition, dans un volume intitulé : *La Loy de Beaumont*, coup d'œil sur les *Libertés* et les *Institutions* d'autrefois. Comme tous les livres sérieux, cet ouvrage, d'ailleurs épuisé, fut lu d'un petit nombre de personnes ; mais il me procura l'honneur et le grand avantage d'entrer en relations avec plusieurs hommes aussi savants que dévoués aux intérêts sociaux.

Or, il se trouve que le droit électoral est une des institutions remarquables de la Loy de Beaumont, qu'il fut le système électoral de plusieurs centaines de villes et de villages de l'est de la France, qu'il fonctionna ici durant six cents ans, et que, par les documents conservés, j'ai été mis en mesure de le suivre et d'en constater les résultats.

Je n'aurai donc qu'à résumer ici, pour traiter du droit électoral d'après les anciennes coutumes, le livre édité en 1864. Cette courte étude offrira d'autant plus d'intérêt, et, il me semble, d'autant plus de valeur, qu'elle ne sera pas plus suspecte d'être un produit de mon imagination que des préoccupations du moment.

La Loy de Beaumont mentionne en ces termes, dès le début, le suffrage universel :

« En cette ville, du consentement de vous tous, seront « établis des jurés et un mayeur ».

Non-seulement le vote est universel, mais les élections sont annuelles :

« Ni le mayeur, ni les jurés ne pourront rester plus « d'un an dans leurs offices sans l'assentiment de vous « tous ».

Les offices du mayeur et des jurés sont : l'administration de la justice (haute, moyenne et basse), l'emploi des deniers de la ville, la collection des impôts ou revenus du Souverain, et la rédaction authentique des contrats.

Les fonctions des élus sont gratuites, les émoluments qui leur sont attribués ne représentant guère que la perte du temps employé à remplir leurs offices.

Malgré le renouvellement annuel des élus, le mayeur et les jurés, qui rendent seuls la justice, n'administrent pas seuls les deniers de la ville. Un article de la Loy prescrit de ne prendre aucune décision en cette matière en dehors de l'assemblée des bourgeois, et sans qu'il y en ait au moins quarante présents. La sonnerie particulière qui les convoquait s'appelle encore *la Quarante,* et je l'ai encore entendue, quatre-vingts ans après la mort du vrai suffrage et des vraies libertés.

Les veuves, les femmes en l'absence de leurs maris, les filles qui ont leur ménage, prennent part aux délibérations et aux votes. Un document des plus curieux, du commencement du xive siècle, en fait foi. Il mentionne par leurs noms quatre-vingt-deux assistants, qui ont délibéré dans une affaire importante, parmi lesquels dix-neuf femmes dont les maris sont absents, une veuve, et deux filles : « lesquels tous et toutes firent, « ordonnèrent et devisèrent entre eux ».

C'est le self-gouvernement dans sa plus haute, sa plus noble et sa plus complète expression. Le pouvoir, ce que l'on appelle en jargon moderne l'*Etat,* réside, aux termes de la Loy de Beaumont, dans Guillaume de Champagne, surnommé Guillaume aux Blanches-Mains, archevêque de Reims, oncle de Philippe-Auguste, qui fut régent de France, avec la reine et un pauvre ermite du bois de Boulogne, pendant la croisade du roi, son neveu, et qui donna cette charte célèbre. On ne lui trouve d'autres attributions que celles de recevoir le serment de fidélité du mayeur, de donner des provisions quatre fois par an aux jurés qui siégent à tour de rôle, de défendre la ville contre les ennemis du dehors, et de faire grâce en certains cas spécifiés. Il ne nomme ni les magistrats civils, ni les juges, ni les officiers ministériels, ni les collecteurs d'impôts ; tout est à l'élection, universelle et annuelle. Il n'intervient, ni dans l'administration de la ville, pour la contrôler, ni dans l'exercice de la justice, pas même en appel ; le tribunal d'appel est ailleurs, et en outre, si les parties le veulent, elles peuvent toujours aller plaider devant le tribunal de leur choix.

Les impôts sont fixés une fois pour toutes ; il n'en sera pas établi de nouveaux. Ils ne sont pas trop lourds. En dehors du terrage, qui diminue proportionnellement la valeur vénale des terres, il y a une très-faible capitation et une très-minime redevance sur les prairaies naturelles ; rien sur la grande forêt ni sur la rivière de Meuse : — *usum aquæ et nemoris liberum ;* — rien sur les portes et fenêtres, rien sur le mobilier, rien sur aucune boisson, rien sur le miel ou le sucre, rien sur les contrats ni l'enregistrement, rien sur les actes judiciaires, rien sur le sel ni aucune denrée, *rien sur les successions,* rien sur les ventes et échanges. — *Emere et vendere libere et quitte quæcumque volueritis.* — En matière de redevances, si un bourgeois est accusé d'avoir fraudé, il se purgera par son seul serment.

L'impôt du sang n'existe pas. Le souverain pourvoit aux nécessités de la guerre par l'institution d'un petit fief sur d'autres terres, à quelque distance de Beaumont. Les bourgeois ne sont tenus, le cas échéant, qu'à « xxiiij heures » de service militaire hors de chez eux, « pour le pays garder, et non plus loingt ». Ils n'ont pas à craindre qu'on les appelle à des guerres offensives injustes ; et lorsqu'ils garderont le pays pendant une guerre, ils sont encore assurés que cette guerre n'aura pas été entreprise de la part de leur seigneur, sans les saintes formes de la justice. Leur seigneur est un évêque ; et en ce temps-là, outre que l'évêque ne faisait rien sans son conseil de chanoines, il n'était pas d'usage, ni permis, entre chrétiens, de faire la guerre sans procédure et sans jugement.

Cette constitution militaire n'empêcha pas les bourgeois de Beaumont d'être de fidèles français et de vaillants soldats dans de justes guerres, notamment pendant l'invasion anglaise ; ils harcelèrent pendant quatre ans, de 1425 à 1429, les Anglais et le duc de Belfort jusqu'aux portes de Reims, tenant presque seuls pour le roi de Bourges en attendant Jeanne Darcq.

Le souverain ne changera pas la charte, ni lui ni d'autres : elle est donnée comme *ferme* et *stable,* et, ce qui est mieux, elle l'a été en effet. Après quatre siècles, les bourgeois eux-mêmes constatent la durée et l'excellence de leur Loy, lorsqu'on essaya pour la première fois d'y faire des changements, aux Etats de Vermandois, en 1556. Ils envoyèrent des députés à Laon. « Ils « sont comparus et ont déclaré qu'en la ville de Beau- « mont y a loi et coutumes fondées en chartes ancien- « nes, dont ils ont accoutumé d'user de tout temps, « selon laquelle ils *se peuvent* et *veulent* régler, et non « pas autrement, protestant que ce qui se fera en la- « dite assemblée ne leur puisse préjudicier, et en ont « requis acte ».

Pendant ces quatre siècles, les villes et les villages des environs et au loin, jusqu'à Nancy, Lunéville et Saint-Nicolas, demandaient par centaines et obtenaient d'être *mis à la loy et franchise de Beaumont.*

Cette admirable coutume, code politique, civil, judiciaire, militaire, police des eaux et forêts, procédure,

peines, comprend en tout 132 articles écrits, « car il
« serait trop loing de les réciter tous », est-il dit au
Préambule de l'exemplaire du xve siècle.

Pendant ces quatre siècles, la petite ville agricole de
Guillaume aux Blanches-Mains, resserrée dans l'étroite
enceinte de ses murailles de douze pieds d'épaisseur,
et pouvant à peine contenir plus d'un millier d'âmes,
avait vu se vérifier pour elle la parole du Sauveur :
Cherchez avant tout le règne de Dieu et sa justice, et
le reste vous sera donné par surcroît. Comme son organisation était toute conforme à la religion, et que le
jeu, comme nous le dirons, en était parfaitement d'ac-
cord avec le droit pontifical, elle se voyait couronnée
des prospérités de la vie présente. Je ne puis donner
que de courtes indications. L'église, rebâtie entre 1200
et 1230, en deux fois, était de la meilleure architecture
et de la plus parfaite exécution des deux époques : des
fragments l'attestent. Une longue suite d'arcades ogi-
vales, formant galerie et servant de péristyle aux larges
et commodes maisons des bourgeois, encadraient toute
la grande place et se prolongeaient dans d'autres rues :
il en reste une relique et la caricature. De vastes et
hautes caves, encore existantes, parfaitement cons-
truites en pierres taillées, révèlent l'état florissant de
l'agriculture et de la viticulture à cette époque. Lépro-
serie hors des murs, hospice dans la ville ; les comptes
des années 1614 et 1615 mentionnent pour toutes
charges de l'hospice le soin d'un orphelin, et l'hospi-
talité donnée à un religieux qui y mourut en prêchant
la station du Carême à la paroisse.

VII.

En décrivant tout à l'heure, d'une part, cette organisation, ce gouvernement du peuple par le peuple, ce terrible suffrage universel et annuel pour toutes les magistratures et fonctions ; de l'autre, ce pouvoir du souverain, en apparence si faible, je n'ai pu m'empêcher de penser que je causais de l'effroi, de l'étonnement et du découragement à plusieurs de mes lecteurs. L'effroi a disparu : tout s'est bien passé durant quatre siècles et plus. L'étonnement reste, et le découragement répète sans doute en soupirant : C'étaient d'autres hommes que nous ; et pas une commune aujourd'hui, en France, n'est douée d'un tempérament en état de résister à cet admirable, mais, hélas ! inimitable régime.

Peut-être ! Je ne résous pas la question. Ce que je sais, c'est que le bras de Dieu n'est pas raccourci, et que les nations sont guérissables.

Trois faits principaux frappent l'observateur qui médite sur la coutume de Beaumont et sur l'histoire de la prospérité qu'elle enfanta.

1. D'abord cette loi est religieuse, et pratiquée religieusement. Ce n'est pas qu'elle renferme aucune disposition spéciale ment religieuse ou ecclésiastique. Bien qu'elle ait prévu et réglé avec une haute raison toutes les parties de la législation civile, judiciaire et militaire, il faut lire la charte de Guillaume aux Blanches-Mains jusqu'à la dernière ligne pour y voir figurer

expressément l'Eglise. C'est immédiatement avant d'apposer son seing et son sceau, qu'il écrit ces paroles remarquables : « *Salvo in omnibus jure ecclesiastico et* « *auctoritate sanctæ Sedis Apostolicæ*. Sauf, en toutes « choses, le droit (la juridiction) ecclésiastique et l'au- « torité du Saint-Siége apostolique ». Cette juridiction ecclésiastique, présentée si souvent comme un épouvantail, n'est donc pas absorbante, comme on le prétend, puisqu'elle laisse l'homme et le citoyen se mouvoir avec tant d'aisance dans la sphère libre de la vie domestique et civile. Mais pour qui possède une notion vraie de la religion, il est évident que les idées élevées, justes, sages, dont la Loy de Beaumont est imprégnée dans toutes ses parties, et les libertés magnifiques qu'elle donne et assure, sont l'expression des principes religieux et catholiques, et leur application à la vie sociale.

2. En second lieu, les mœurs électorales sont tout ensemble religieuses et canoniques. Les procès-verbaux d'élection commencent en ces termes : « Cejourd'huy « dimanche... jour et fête de sainte Pentecôte, le peuple « sortant en foule de l'église, avec les hommes jurez et « de police, fin et issue des Matines chantées, la cloche « étant sonnée en la manière accoutumée... »

Aujourd'hui les votants, surnommés souverains, sortent du cabaret, où ils ont séjourné longtemps, et ils votent les pieds dans le vin ou la bière. Alors ils sortaient de l'église, à jeun, le matin d'un jour de fête, et quelle fête ! la Pentecôte ! après avoir mêlé leur voix au chant grave de ces sublimes paroles : « L'Esprit du « Seigneur a rempli la terre ; et lui, en qui toutes

« choses sont contenues, a la science de la parole et de
« la *voix*. Venez, adorons, Alleluia ! »

Les électeurs choisis par le peuple « promettaient et
« faisaient serment de fidèlement procéder, sans hayne,
« faveur, profit, ou maltallent qu'ils ayent à nulluy, à
« l'élection d'un maire, d'un lieutenant-maire et six
« échevins, bourgeois dudit lieu, non parens ni alliez,
« et non reprochables d'aucuns vices ».

Aujourd'hui, les électeurs-candidats, après avoir en-
ivré les électeurs-souverains, promettent (sans serment)
un bœuf à manger le lendemain du vote pour les *élections* communales. Pour les *élections* aux Chambres, les
électeurs-candidats promettent aux électeurs-souverains l'abolition des impôts et des places de percepteurs,
des pensions, des secours, la dépouille des *riches*. —
Dans les élections communales, les *parents* et *alliés*
vendent leurs voix à leurs proches pour être favorisés
plus tard, aux dépens des autres familles, par les élus.
— D'autres, électeurs-créanciers, menacent de pour-
suivre et ruiner les électeurs-débiteurs, s'ils ne sont pas
nommés. Et on les *nomme* vraiment, puisqu'on met leurs
noms dans la boîte à scrutin. Elire, c'est choisir ! ! !

O progrès, ô fumier !

Comment s'étonner qu'il n'y ait plus d'*élections* en
France, mais seulement lutte, bataille entre la vie et la
mort de la France ; et c'est trop dire encore : cette vie
est moins qu'une vie, c'est une agonie horrible ; cette
mort est plus qu'une mort, c'est un enfer anticipé.

Dans la pratique électorale de la coutume de Beaumont, ai-je besoin de le dire ? il n'y a pas de pose de
candidature, il n'y a pas de candidats. Il faudrait faire

ici une nouvelle étude pour exposer, d'une manière digne du sujet, les admirables précautions prises afin de sauvegarder le suffrage de tous et d'éviter en même temps cette peste de la brigue, flétrie si justement et en termes si sévères par le droit pontifical. Sous la Loy de Beaumont il n'était pas *possible* de poser sa candidature, non-seulement en public, mais même en secret.

Cette élection (celle d'autrefois) ainsi dignement et religieusement faite, alors en présence de tout le peuple, et sous le péristyle au-devant du portail de l'église, avait lieu le serment des élus. Le mayeur sortant recevait le serment du nouveau mayeur, de la manière suivante : L'élu, « un genou en terre, tenant la main « gauche sur les Evangiles et la droite levée, jurait et « affirmait qu'il exercera lesdites charges avec fidélité, « conformément les droits du roy et la raison des « bourgeois, *soutiendra la veuve et l'orphelin*, et la « royauté saint Jean, patron de cette paroisse ». Après cette cérémonie, il prenait la place du mayeur sortant et recevait, à son tour, le serment du lieutenant-maire et des jurés, qui le prêtaient dans la même forme.

3. La Loy de Beaumont, enfin, respecte la constitution divine et sociale de la famille et l'autorité paternelle comme la juridiction ecclésiastique et l'autorité pontificale :

LES FILS DE FAMILLE NE VOTENT PAS.

Ce n'est pas que la Loy les exclue. Il ne vient pas plus à l'esprit du législateur de les exclure que de les admettre au vote. Par le fait, ils ne sont pas exclus, par cette simple raison que leur père vote. Selon les anciennes coutumes, selon la loi de Dieu qui a fait l'homme sociable en instituant la famille, chaque commune ou communauté est un groupe de familles ; chaque nation est l'ensemble de ces groupes. L'homme ne foule pas la terre ni le sol d'une patrie à titre de solitaire ni de vagabond, sans feu ni lieu, sans père et sans mère, sans parents ; il y est membre d'une société première qu'on appelle une famille ; et c'est comme tel aussi qu'il doit prendre part aux affaires publiques ou communes, qui ne sont que les affaires auxquelles sont intéressées en commun toutes les familles. La famille, la société domestique est une, ou elle n'est pas. Le père en est le chef et le représentant unique dans sa maison comme au dehors (et à son défaut la mère). C'est briser l'unité de la famille, c'est achever le pouvoir paternel déjà blessé à mort par tant de tristes lois, que de donner au fils un droit parallèle et susceptible d'être exercé contrairement à celui du père.

Autrefois, le mayeur sous la Loy de Beaumont jurait, au jour de son entrée en fonctions, de « soutenir la « veuve et l'orphelin », et le son de *la Quarante* convoquait la veuve désolée, comme tous les autres représentants des familles, aux jours où l'on traitait de quelque affaire importante pour la société communale, c'est-à-dire importante pour elle et ses enfants comme pour les autres.

Aujourd'hui, il n'en coûte rien, à nos faiseurs modernes d'inventions législatives, de priver des milliers de familles, toutes les familles de veuves et d'orphelins, de toute participation aux affaires publiques, qui regardent toutes les familes, et celles-là plus que toute autre, puisqu'elles sont privées de leur soutien naturel. Et en même temps, dans leur folie niaise, qui vient de Jean-Jacques, individu sans famille et violateur de la famille, ils vont donner à un jeune homme de vingt ans, vivant sous les lois de son père, la faculté d'annihiler chez son père le droit de représenter sa famille dans l'assemblée des chefs de famille dont il fait partie! Si du moins nous avions conservé l'esprit de famille dans quelque mesure, et qu'il ne vînt pas à l'idée d'un fils qu'il puisse voter contrairement à son père, il se comprendrait que le fils, parvenu à la croissance d'homme par le sang et la sueur de son père, vînt accroître du sien le suffrage de ce père. Mais n'avons-nous pas vu, au contraire, pour ne citer que cet exemple, dans plus d'un village, les jeunes gens se liguer, au désespoir et à la honte de leurs pères, pour faire échouer aux votes un maire ou un adjoint, parce qu'il faisait respecter les règlements et réprimait leur libertinage? Ainsi, de par les fantaisies législatives modernes, la famille, la société domestique, ce seul élément réel de la nation ou de la grande société française, est lésée et méprisée; et l'autorité paternelle brisée.

En terminant, il reste à dire que la *Loy de Beaumont* n'est pas une exception. Il suffit de consulter les autres vieilles chartes, ou seulement le livre de M. Ch. de Ribbe (1), pour s'assurer que, dans la France du midi

---

(1) Ouvrage cité, ibid. et passim.

comme dans celle du nord, les dictées du bon sens et les données du droit pontifical assuraient chez nos pères la liberté, la sincérité et la dignité du suffrage universel des pères de familles, proscrivaient la brigue et les corruptions de la candidature.

La commission de Versailles, pour la nouvelle loi électorale, a étudié les divers systèmes électoraux pratiqués chez les nations modernes, gâtées ou en voie de se gâter comme la France ; elle cherche ainsi à choisir des remèdes parmi les poisons. Qu'elle envoie deux commissaires chez les Basques : ils y verront la Loy de Beaumont en plein exercice, et de plus, en interrogeant un citoyen quelconque, ils apprendront en une demiheure comment, en exerçant le suffrage et le self-gouvernement chez eux d'abord, dans leur commune et leur département ou province, les hommes libres de ce pays florissant s'y prenaient pour envoyer des députés aux Cortès, quand il y avait une Espagne.

VIII.

CONCLUSIONS LOGIQUES ET PRATIQUES DE CETTE ÉTUDE.

Conclusions logiques. — 1. Le suffrage universel moderne n'est que la caricature ignoble du suffrage universel d'autrefois.

2. Il n'y a pas d'*élections* en France. Ce qu'on décore de ce nom n'est que mensonge, hypocrisie, et corruption.

3. La pose des candidatures est la principale cause de la corruption du suffrage universel.

4. Le droit pontifical est le flambeau qui éclaire nos ténèbres, nos ignorances, nos sottises, nos vices et nos hontes, en matière électorale comme en matière de droit des gens.

5. Le mieux serait de consulter le Pape, Vicaire de Jésus-Christ, Père des nations chrétiennes, pour lui demander la direction et la voie.

6. Une nation est composée de familles, et non pas d'individus isolés.

7. Il est absurde que le fils de famille ait la faculté d'annihiler le droit du chef de famille.

CONCLUSION PRATIQUE.

Quand il s'agit de pratique, il ne faut demander que ce qui est praticable. Tout le monde sent si bien les dangers, les faiblesses, les découragements de la situation, que je ne hasarde qu'une conclusion pratique.

Ce serait à désespérer tout à fait de la France, s'il n'y avait pas à Versailles un nombre suffisant d'hommes assez sensés pour faire insérer dans la prochaine loi électorale :

Que la nation française se compose de familles et de groupes de familles. En conséquence, les seuls chefs de famille et de maison, y compris les veuves, ont droit de suffrage dans les élections ; le tuteur d'orphelins, s'il est lui-même chef de famille, votera deux fois.

Ce pas est le premier à faire. Il peut être fait par une majorité honnête et compacte, de quelque opinion que soient ses membres. L'immense majorité des pères de famille l'approuvera sur toute la surface de la France. Qu'on le fasse donc ! — Quand on est au bout, il faut recommencer par le commencement. Le reste vient ensuite.

L'ABBÉ DEFOURNY.

FIN.

Bar-le-Duc.— Typographie des CÉLESTINS. — BERTRAND.

www.ingramcontent.com/pod-product-compliance
Lightning Source LLC
Chambersburg PA
CBHW061715180626
46818CB00003B/1381